ESTEGOSAURIO

EL DINOSAURIO CON TEJADO

GARY JEFFREY
ILUSTRADO POR JAMES FIELD

OCEANO Travesía

Editor de Océano Travesía: Daniel Goldin

ESTEGOSAURIO. EL DINOSAURIO CON TEJADO

Título original: Stegosaurus: the plated dinosaur

Tradujo Juan Elías Tovar de la edición original en inglés de David West, Londres

© 2009, David West Children's Books

D.R. © Editorial Océano S.L.
Milanesat 21-23
Edificio Océano
08017 Barcelona, España
www.oceano.com

D.R. © Editorial Océano de México, S.A. de C.V.
Blvd. Manuel Ávila Camacho 76, 10º piso
Col. Lomas de Chapultepec, Del. Miguel Hidalgo,
Código Postal 11000, México, D.F.
www.oceano.com.mx

PRIMERA EDICIÓN

ISBN: 978-84-494-4487-6 (Océano España)
ISBN: 978-607-400-615-5 (Océano México)
Depósito legal: B-24174-LV

IMPRESO EN ESPAÑA / *PRINTED IN SPAIN*

9003420010812

CONTENIDO

¿QUÉ ES UN ESTEGOSAURIO?

ESTEGOSAURIO SIGNIFICA "REPTIL CON TEJADO"

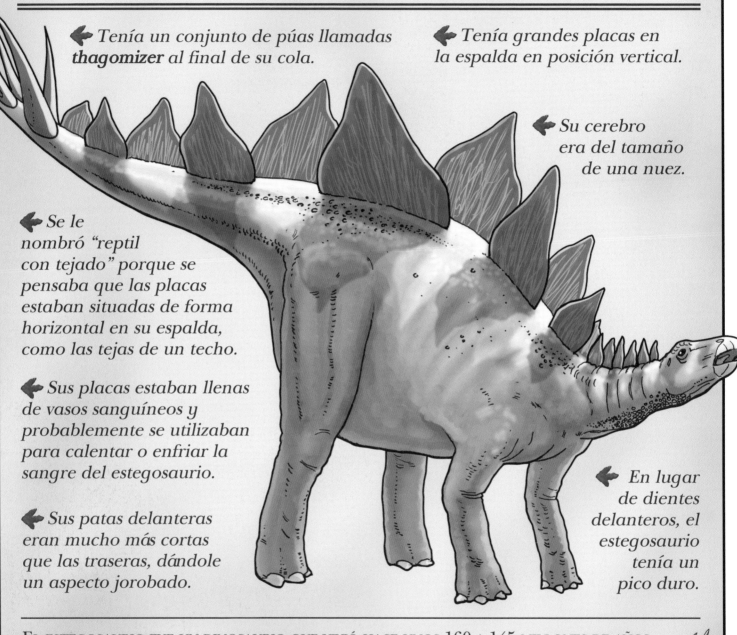

Tenía un conjunto de púas llamadas **thagomizer** al final de su cola.

Tenía grandes placas en la espalda en posición vertical.

Su cerebro era del tamaño de una nuez.

Se le nombró "reptil con tejado" porque se pensaba que las placas estaban situadas de forma horizontal en su espalda, como las tejas de un techo.

Sus placas estaban llenas de vasos sanguíneos y probablemente se utilizaban para calentar o enfriar la sangre del estegosaurio.

Sus patas delanteras eran mucho más cortas que las traseras, dándole un aspecto jorobado.

En lugar de dientes delanteros, el estegosaurio tenía un pico duro.

EL ESTEGOSAURIO FUE UN DINOSAURIO QUE VIVIÓ HACE UNOS 160 A 145 MILLONES DE AÑOS, DURANTE EL **PERÍODO JURÁSICO**. SE HAN ENCONTRADO FÓSILES DE SU ESQUELETO EN NORTEAMÉRICA Y EN PORTUGAL (VER PÁGINA 30).

Los estegosaurios adultos medían hasta 9 metros de largo y 4 metros de alto hasta la placa más alta. Pesaban casi 5.000 kilos (5,5 toneladas).

CEREBROS PEQUEÑOS

Se hizo un molde de la parte interior del cerebro de un estegosaurio. Éste resultó ser del tamaño de una nuez, lo que representa el cerebro más pequeño (en proporción al tamaño del cuerpo) de todos los dinosaurios. Un conjunto de nervios en la base de la columna del estegosaurio pudo haber servido como un segundo cerebro, ayudándole a moverse velozmente al ser atacado. El estegosaurio era tan inteligente como era necesario para poder **sobrevivir**.

Tamaño real de una nuez.

PIEZAS DE UN ROMPECABEZAS

El propósito de las 17 placas del estegosaurio sigue siendo un misterio. Los paleontólogos generalmente están de acuerdo en que eran demasiado delgadas para servir de armadura. Al estar llenas de vasos sanguíneos, es posible que las placas pudieran enrojecer y advertir a un atacante aproximándose. El contorno visible de las placas también pudo haber ayudado a los estegosaurios a reconocerse entre otros dinosaurios.

¿INTERCAMBIO DE CALOR?

Al igual que las grandes orejas de un elefante africano le ayudan a enfriar su sangre, es posible que las placas del estegosaurio controlaran su temperatura corporal.

PRIMERA PARTE... EL DESPERTAR

AMANECE EN LAURASIA OCCIDENTAL (ACTUALMENTE NORTEAMÉRICA) JUSTO CUANDO LOS RHAMPHORHYNCHUS, REPTILES VOLADORES CON PICOS DENTADOS, DEJAN SUS RAMAS PARA PESCAR EN UN DISTANTE LAGO.

YACKAKAKAKAK

YARK YARK YARK

ABAJO EN EL BOSQUE, EL SOL NACIENTE BRILLA EN UNAS PLACAS ÓSEAS...

..CALENTANDO LA SANGRE DE UN REPTIL.

ES LA TEMPORADA DE SEQUÍA. EL GRUPO VA SIGUIENDO A UN MACHO PARA ALIMENTARSE EN LOS BOSQUES QUE CRECEN JUNTO A UN RÍO.

AQUÍ, DONDE LA VEGETACIÓN SE MANTIENE EXUBERANTE, DESAYUNAN HOJAS DE ABETO, HELECHOS Y CÍCADAS GIGANTES.

ESTOS BOSQUES DE RÍO ALBERGAN A VARIOS TIPOS DE DINOSAURIOS. PEQUEÑOS OTHNIELIAS CORREN A RECOGER LOS RESTOS QUE DEJAN LOS ESTEGOSAURIOS A SU PASO.

LA JOVEN ESTEGOSAURIO OLFATEA UNA CÍCADA MUY APETECIBLE, PERO QUE SE ENCUENTRA APENAS FUERA DE SU ALCANCE.

QUERIENDO UN CAMBIO DE LOS ABURRIDOS HELECHOS AL RAS DEL SUELO, SE LEVANTA SOBRE SUS PATAS TRASERAS.

NO SE HA PERCATADO...

...DE QUE ESTÁ SIENDO OBSERVADA.

EL QUE OBSERVA APARECE. ES UN CERATOSAURIO, UN FEROZ CARNÍVORO. SU QUIJADA ES LO SUFICIENTEMENTE FUERTE COMO PARA CAUSAR GRAVES HERIDAS.

GRRRAAAGH

LOS OTHNIELIAS ENTRAN EN PÁNICO.

GLAAAARRRKK

LA ESTEGOSAURIO DA UN GRITO DE ALARMA...

GWEEEEEEEE

..PERO HOY ELLA NO ES LA PRESA.

GWAAAARR

ALERTADOS POR EL GRITO DE LA PEQUEÑA, LOS ADULTOS SE CONGREGAN.

A PESAR DE QUE AÚN NO ES UN ADULTO, EL CERATOSAURIO ES CONSIDERADO COMO UNA SERIA AMENAZA POR LOS ESTEGOSAURIOS ADULTOS.

LA PUNTIAGUDA MURALLA QUE LEVANTAN INQUIETA AL PREDADOR.

EL CERATOSAURIO SE RETIRA A COMER SU PREMIO EN PAZ.

EL BOSQUE VUELVE A ESTAR EN SILENCIO. MIENTRAS LOS ADULTOS CONTINÚAN ALIMENTÁNDOSE, LA ESTEGOSAURIO JUVENIL PRACTICA EL MOVIMIENTO DE SU THAGOMIZER.

INSPIRADA POR LA PREVIA ACTUACIÓN DE LOS ADULTOS, FLEXIONA LOS MÚSCULOS DE SU COLA...

...LOS CUALES YA SON...

¡BOK!

...BASTANTE FUERTES.

¡CRRRACCK!

INTENTA SACUDIRSE LA CORTEZA, PERO EL TROZO DE MADERA PODRIDA ESTÁ ATASCADO.

MWAAARGH

PREPARA SU COLA PARA DARLE UN PODEROSO GOLPE AL TRONCO DEL ÁRBOL.

¡KRACK!

SU HUESUDO THAGOMIZER, TAN AFILADO COMO UN PICO, ALGÚN DÍA PODRÍA SALVAR SU VIDA.

SEGUNDA PARTE

EL ABREVADERO

AL CALOR DEL DÍA, LOS ESTEGOSAURIOS HAN ENCONTRADO SU CAMINO AL LAGO.

LA ÉPOCA DE SEQUÍA HA SIDO LARGA. EL NIVEL DEL AGUA EN EL LAGO ES BAJO. UN ACALORADO APATOSAURIO APROVECHA AL MÁXIMO EL BAJO NIVEL DEL AGUA.

EL LUGAR ESTÁ LLENO CON OTROS SAURÓPODOS, COMO LOS BRAQUIOSAURIOS, LOS CUALES SE ALIMENTAN DE LAS COPAS DE LOS ÁRBOLES QUE SE ENCUENTRAN EN LAS ORILLAS DEL ABREVADERO.

UN CAMARASAURIO JUVENIL BLOQUEA EL CAMINO HACIA EL AGUA.

LA JOVEN ESTEGOSAURIO RETA AL JOVEN SAURÓPODO. "¡MUÉVETE!" GRUÑE.

¡GWAAAAARRRK!

EL CAMARASAURIO LE TEME A LA PUNTIAGUADA RECIÉN LLEGADA Y SE RETIRA...

GWEEEEEEEEK

...HACIA DONDE ESTÁ SU PADRE.

GWEEEK GWEEK

EL CAMARASAURIO ADULTO RESPONDE A LA AMENAZA LEVANTANDO UNA GRANDE PATA CON GARRA...

BROOAARRGH

...Y ACERCÁNDOSE.

RRRAAAGH

BOOM

LA JOVEN ESTÁ POR SER PISOTEADA.

GWEEEP!

CERCA DE AHÍ, LOS ESTEGOSAURIOS ADULTOS BOMBEAN SANGRE HACIA SUS PLACAS, ENROJECIÉNDOLAS COMO UNA ADVERTENCIA.

AHORA ES EL CAMARASAURIO ADULTO QUIEN SE ASUSTA.

EL CAMARASAURIO SE RETIRA, MIENTRAS QUE LA ESTEGOSAURIO JUVENIL BUSCA REFUGIO EN EL BOSQUE.

TERCERA PARTE...
ATRAPADA
LA ESTEGOSAURIO HA LLEGADO A DESCANSAR A UN COSTADO DEL ARROYO Y ALGO HA CAPTADO SU ATENCIÓN.
BWOOOOAAAAR
VE HUELLAS Y UN HUEVO ROTO.
SNUFFLE SNUFFLE
HAY MÁS, ASÍ QUE SIGUE EL RASTRO.
LA CAUSA DE LOS HUEVOS ROTOS SE VUELVE EVIDENTE.
CRACKLE CRACKLE

UN ORNITHOLESTES ATACA EL NIDO ABANDONADO DE UN CAMPTOSAURIO.

SU ATENCIÓN ESTÁ FIJA EN EL LADRÓN DEL NIDO, ASÍ QUE LA ESTEGOSAURIO NO SE PERCATA DE QUE ALGO SE HA METIDO EN EL AGUA ATRÁS DE ELLA...

...Y SE MUEVE EN SU DIRECCIÓN.

EL CERATOSAURIO SALTA DEL ARROYO...

¡BORAAAAAGH!

...PERO, NUEVAMENTE, LA ESTEGOSAURIO...

GWEEEEEEEE

...NO ES LA PRESA.

GNAARRRF

GWAAAARRRR

TEMIENDO SER ATACADA, LA JOVEN DECIDE ALEJARSE DEL BOSQUE...

...PERO EL CAMINO HA SIDO BLOQUEADO...

...¡POR UN ALOSAURIO!

GWRRRRRRRRRR

EL REY DE LOS CARNÍVOROS HA VENIDO A CALMAR SU SED. SE HA ESTADO ALIMENTANDO DE UN CAMPTOSAURIO QUE SE CRUZÓ EN SU CAMINO.

MÁS ALLÁ DEL ALOSAURIO, LA ESTEGOSAURIO PUEDE VER CÓMO SU GRUPO SE ALEJA.

SLUUUURRP SLUUUURRP

GIRA PARA MIRAR AL CERATOSAURIO E INTERRUMPE SU COMIDA. ÉL DEJA CAER AL ORNITHOLESTES Y LA PERSIGUE.

BOOOUWAAAGH

SIN DEJARSE INTIMIDAR, CONTONEA LA PÚAS DE SU COLA HACIA SU ATACANTE...

..PERO EL CERATOSAURIO SIGUE APROXIMÁNDOSE.

GRRRAAAAGH

ELLA NO TIENE ALTERNATIVA. DEBE CORRER PARA PASAR AL ALOSAURIO.

MIENTRAS EL ALOSAURIO BEBE, ELLA SE MUEVE...

..PERO AL PASAR BAJO ÉL, LAS PÚAS DE SU COLA ROZAN LEVEMENTE SU VIENTRE...

..AVISÁNDOLE DE SU PRESENCIA.

GRRRAAGH

EL ALOSAURIO LA PERSIGUE.

GRRAAH

DOUFFF

ÉL SE EMOCIONA POR LA POSIBILIDAD DE MÁS CARNE FRESCA.

¡SPLOSH!

GRRRRRRRRRRRRRRR

EL ALOSAURIO PIERDE VELOCIDAD POR SU RECIENTE COMIDA.

BWAAARK

LA ESTEGOSAURIO ALCANZA SIN PERCANCE A SU GRUPO.

GRRRRRRRRRRRRRR

EL ESTEGOSAURIO MACHO SE MANTIENE FIRME. EL PREDADOR ESTÁ DEMASIADO CERCA PARA DEJARLO ATRÁS.

BWAARK

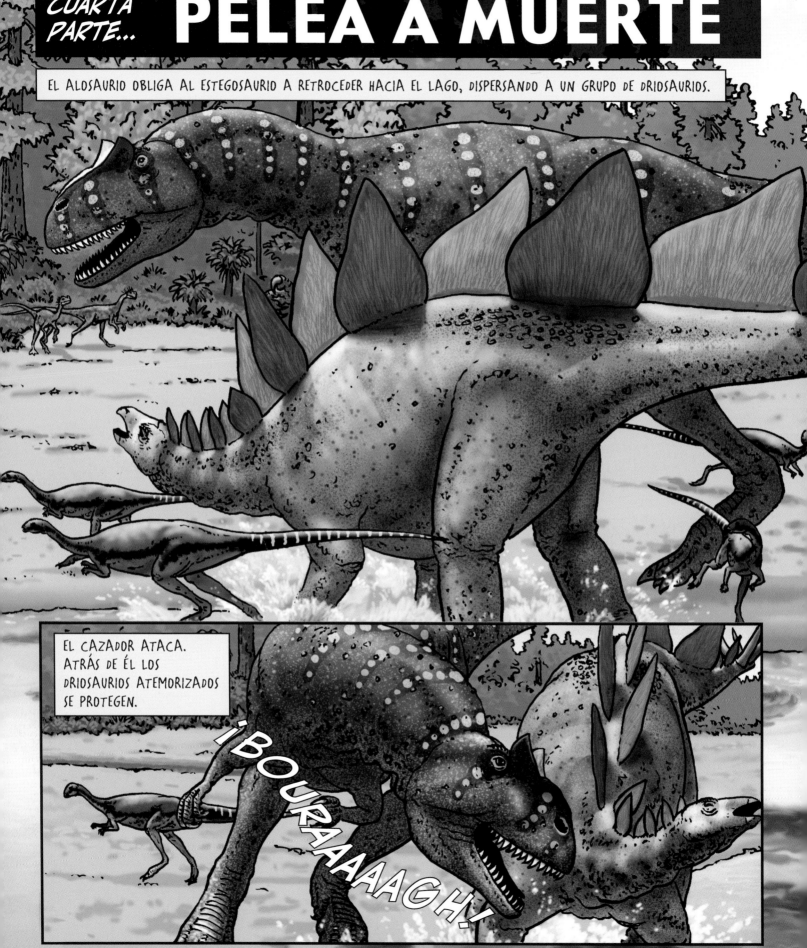

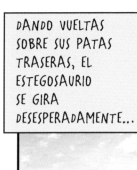

DANDO VUELTAS SOBRE SUS PATAS TRASERAS, EL ESTEGOSAURIO SE GIRA DESESPERADAMENTE...

..INTENTANDO EVADIR LAS GARRAS DEL ALOSAURIO.

MIENTRAS, INTENTA CLAVAR SU THAGOMIZER EN LA ESPALDA DEL ALOSAURIO.

¡BRRAAAAAGH!

KRACCCK

¡LE PEGA!

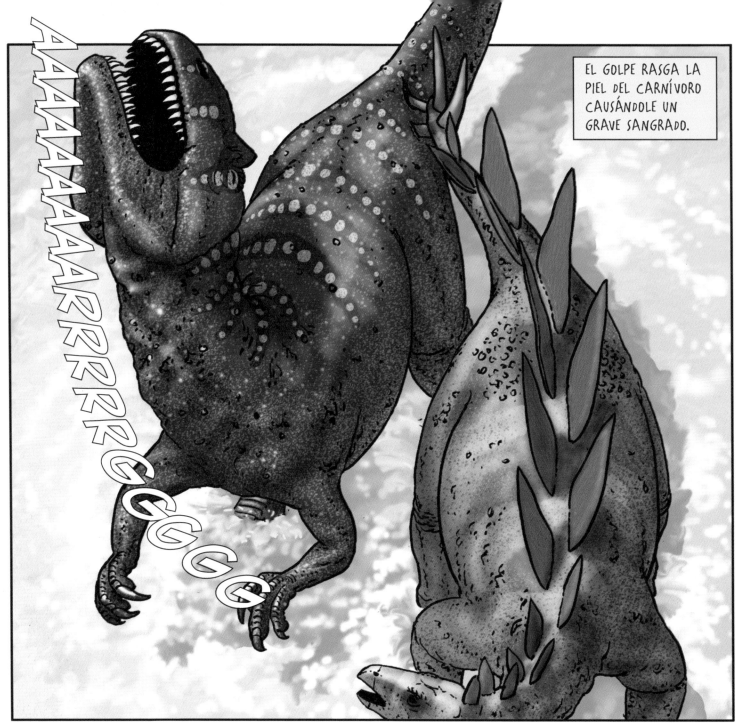

EL GOLPE RASGA LA PIEL DEL CARNÍVORO CAUSÁNDOLE UN GRAVE SANGRADO.

LAS PÚAS DEL ESTEGOSAURIO SE CLAVAN EN EL HUESO DEL CAZADOR.

SIN EMBARGO, SE DESPRENDE.

¡KRAK!

EL GRUPO SE ALEJA DEJANDO AL ALOSAURIO A SU SUERTE.

GRRRRAAAAAAAAGH

GWEEEP

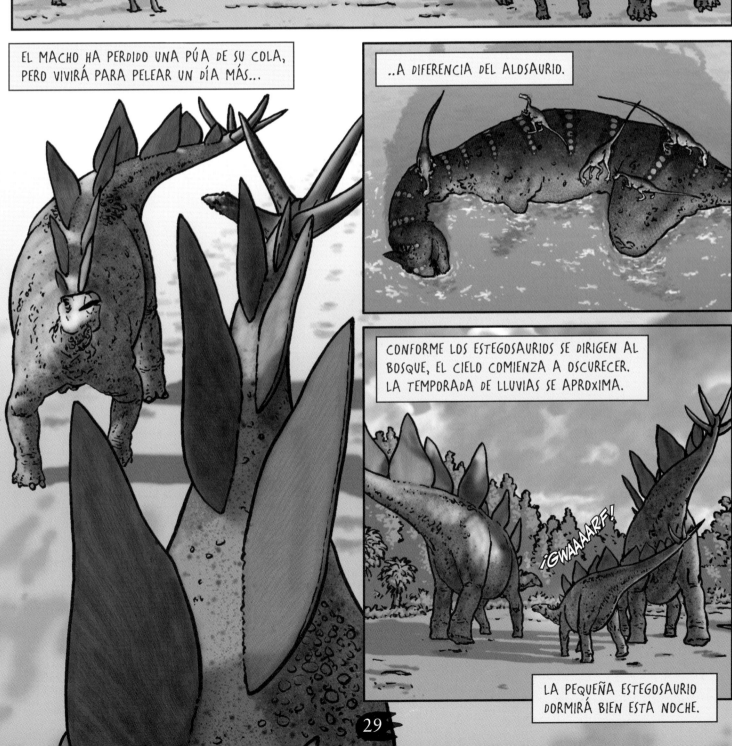

EL MACHO HA PERDIDO UNA PÚA DE SU COLA, PERO VIVIRÁ PARA PELEAR UN DÍA MÁS...

..A DIFERENCIA DEL ALOSAURIO.

CONFORME LOS ESTEGOSAURIOS SE DIRIGEN AL BOSQUE, EL CIELO COMIENZA A OSCURECER. LA TEMPORADA DE LLUVIAS SE APROXIMA.

¡GWAAAARF!

LA PEQUEÑA ESTEGOSAURIO DORMIRÁ BIEN ESTA NOCHE.

29

LOS RESTOS FÓSILES

TENEMOS UNA BUENA IDEA DE CÓMO ERAN LOS DINOSAURIOS MEDIANTE EL ESTUDIO DE SUS RESTOS FÓSILES. LOS FÓSILES SE FORMAN CUANDO LAS PARTES DURAS DE UN ANIMAL O PLANTA QUEDAN ENTERRADAS Y SE CONVIERTEN EN ROCA A LO LARGO DE MILLONES DE AÑOS.

Los paleontólogos creen que el thagomizer del estegosaurio (foto pequeña) pudo haberse utilizado como un arma de defensa. En 2005, se descubrieron marcas de mordidas en la placa del cuello de un estegosaurio, que correspondían al patrón de los dientes de un alosario. La columna de un alosaurio mostraba un hoyo en el cual el thagomizer de un estegosaurio cabía perfectamente bien. A través de los años, muchos de los thagomizers fosilizados que se han encontrado muestran puntas rotas. Esto sugiere que los estegosaurios y los alosaurios en verdad peleaban unos contra otros, como se muestra en la reconstrucción (abajo).

GALERÍA DE DINOSAURIOS

Othnielia
"Para Othniel"
Longitud: 1,5 m (5 pies)
Pequeño dinosaurio, parecido a un ave, nombrado en honor al famoso descubridor de fósiles Othniel Charles Marsh.

Ornitholestes
"Ladrón de aves"
Longitud: 2 m (6 pies)
Pequeño dinosaurio carnívoro con antebrazos largos, que pudo haberse alimentado de huevos.

Driosaurio
"Reptil de roble"
Longitud: 3 a 4 m (10 a 13 pies)
Dinosaurio herbívoro de pequeño a mediano tamaño de inusuales dientes con forma de la hoja de un roble.

Camptosaurio
"Reptil con curvas"
Longitud: 8 m (26 pies)
Corpulento dinosaurio herbívoro que probablemente caminaba en cuatro patas, pero que podía levantarse en dos para alcanzar sus alimentos.

Ceratosaurio
"Reptil con cuerno"
Longitud: 6 a 8 m (20 a 26 pies)
Dinosaurio carnívoro grande que tenía un cuerno en la nariz y huesudas crestas frente a sus ojos. También tenía una gruesa cola parecida a la de un lagarto y pudo haber sido un buen nadador.

Alosaurio
"Reptil diferente"
Longitud: 8,5 a 13 m (30 a 42 pies)
Grande dinosaurio carnívoro con fuertes garras delanteras. Se encontraba en la cima de la cadena alimenticia en el período Jurásico Superior.

Camarasaurio
"Reptil de cámaras"
Longitud: 18 m (60 pies)
Dinosaurio herbívoro gigante que tenía ventanas de la nariz al frente y arriba de sus ojos.

GLOSARIO

cícadas Plantas perennes, parecidas al helecho, con troncos cortos y gruesos.

fósiles Restos de seres vivos, transformadas en rocas.

juvenil Dinosaurio no completamente desarrollado.

paleontólogos Científicos que estudian fósiles.

Período Jurásico Tiempo transcurrido que va desde hace 200 millones hasta hace 145 millones de años.

presa Animal cazado por otro animal como alimento.

refugio Protección.

sobrevivir Mantenerse vivo.

thagomizer Las púas en la cola de un estegosaurio.

INDEX